AF284583

Über die Autorin

Heike Wells, geboren 1957, ist Journalistin mit Schwerpunktthemen Natur und Umwelt, Hundehalterin und -fan seit rund 40 Jahren sowie Ausbilderin (von Menschen eher als von deren Hunden ...)

Über das Buch

Endlich habe ich zu Papier gebracht, was mich schon so lange umtreibt: dass alte Hunde nicht ins Tierheim gehören und dass ein Oldie aus zweiter, dritter, vierter Hand sooo viel Freude bereitet!

Heike Wells

Mission Hundesenior

Ein Plädoyer für Oldies
aus dem Tierheim

Mit Illustrationen
von Monika Schmok

Bibliografische Information der Deutschen Nationalbibliothek:
Die Deutsche Nationalbibliothek verzeichnet diese Publikation in der
Deutschen Nationalbibliografie; detaillierte bibliografische Daten sind
im Internet über http://dnb.dnb.de abrufbar.

Lektorat: Elisabeth Koop
Umschlaggestaltung und Buchsatz: Markus Walz
Illustrationen: Monika Schmok
Fotos: Heike Wells
Titelfoto: Kalle (2001 – 2013)

Herstellung und Verlag: BoD – Books on Demand, Norderstedt

ISBN: 978-3-7519-7692-3

Inhalt

Wie ich auf den (alten) Hund gekommen bin

Der nächste Hund kommt aus dem Tierheim! Das stand für mich, Hundebesitzerin seit ich Anfang 20 war, lange fest. Zwei tolle vierbeinige Kumpels hatte ich gehabt: Watkins, ein treuer Hovawartmischling aus „privater Vermehrung", wurde 15 Jahre alt; Kalle, ein kerniger Schäferhund-Mischling und ergebener Sportpartner „vom Bauernhof", zwölfeinhalb.
Je länger ich mich, auch beruflich, mit dem Thema Hunde beschäftigte, desto mehr zweifelte ich an der Form von Hundevermehrung, aus der Watkins und Kalle stammten, so toll (und gesund bis ins Alter) beide auch waren. Mir wurde bewusst, dass es mehr als genug Hunde gibt, die darauf warten, einem Menschen ein guter Gefährte zu sein – Hunde in deutschen oder ausländischen Tierheimen, Hunde von den Straßen Südeuropas, „ausgemusterte" Gebrauchshunde, die ihren Haltern nicht (mehr) nützlich sein konnten ...
Einige Monate nach Kalles Tod zog also Fritzi bei mir ein, eine von den beteiligten Rassen her undefinier-

bare Mischung: mittelgroß (heute 24 Kilo schwer), schlank und sportlich, mit schwarz und gestromt-gemustertem Fell und wunderschönen, bernsteinfarbigen Augen.

Fritzi stammt aus einem Tierheim in Moskau, wurde dort geboren oder kam, wofür einiges spricht, als auf der Straße geborenes Hundebaby mit der Mutter dorthin. Genau weiß man es nicht ... Im Alter von etwa drei Monaten jedenfalls kam sie in ein deutsches Tierheim, wo ich sie, als sie ein halbes Jahr alt war, auf der Suche nach einem Nachfolger oder einer Nachfolgerin für Kalle entdeckte.

Fritzi und ihre Geschichte – das ist ein Thema für sich und gehört nicht hierher. Und doch hat dieses Buch mit ihr zu tun, nicht nur, weil sie meinen Hunde-Oldies stets eine geduldige Partnerin war und ist. Bei meinen Besuchen in Tierheimen sah ich schon damals viele alte Hunde, die dort teilweise schon Monate oder Jahre ausharrten. Nachdem ich meinen Kalle verloren hatte, fühlte ich mich jedoch nicht stark genug für einen nächsten Verlust in nicht allzu ferner Zukunft.

So wurde also Fritzi meine tierische Begleiterin. Sie ist ein anderer Typ Hund als ihre Vorgänger – eigenständiger (wohl ihren „Straßenhundgenen" geschuldet), dabei sehr sozial im Hunderudel. So wuchs in mir der Gedanke, dass, sobald wir beide uns das gemeinsame Leben eingerichtet hätten, ein Hunde-Oldie gut zu uns passen würde. Und: Ein kleiner Vierbeiner sollte es sein, denn ich bin nicht mehr die Jüngste und fühle mich gleich zwei größeren Hunden körperlich nicht gewachsen. So begann die Suche, online und in Tierheimen in der näheren und weiteren Umgebung.

Was mich damals antrieb und es bis heute tut, war und ist der Gedanke, dass es mir nicht ausreicht, wenn es mir selbst und meiner vierbeinigen Mitbewohnerin gut geht; dass ich dieses „gute Leben" teilen möchte. Und das erwartete ich von Beginn an auch von Fritzi: Sie hat es gut, das sollte sie teilen – und sie tut es auch. Welche Erfahrungen ich in der Folge gemacht habe, davon handelt dieses Büchlein. Es ist kein Ratgeber für das Zusammenleben mit einem alten Hund – solche gibt es bereits. Vielmehr soll es Hundefans Mut machen, bei der Suche nach einem vierbeinigen Gefährten, ob als Erst-, Zweit- oder Dritthund, einem Oldie aus dem Tierheim eine Chance zu geben. Mehr als alle anderen brauchen die Alten ein verlässliches, ruhiges Zuhause, in dem sie versorgt und lieb gehabt werden bis zum Ende ihrer Tage.

Alte Hunde gehören nicht ins Tierheim

Hunde sind Rudeltiere, und in unserer Gesellschaft ist in der Regel der Mensch das Rudel oder Teil davon. Von diesem Menschen verlassen, das heißt im Heim abgegeben oder gar ausgesetzt zu werden, ist für die meisten Vierbeiner darum eine traumatische Erfahrung – auch wenn so mancher es im Tierheim besser hat als vorher.

Die Tierpflegerinnen und -pfleger in den Heimen tun, was sie können. Sie versorgen die ihnen anvertrauten Wesen nicht nur, sie umsorgen sie meist auch. Die Tiere haben saubere Liegeplätze, Futter, Artgenossen als Gesellschaft, werden regelmäßig ausgeführt und soweit möglich bekuschelt. Keine Frage: Sie haben es dort gut, so gut es unter den jeweiligen Bedingungen eben geht … und meist auch eine Chance, in einem neuen Zuhause mit neuen Menschen neu anzufangen.

Anders die Situation derer, die im hohen Alter ins Tierheim kommen. Für sie ist dort oft Endstation. Wer will schon einen alten Hund zu sich nehmen? Dabei ist der stetige Trubel durch viele Artgenossen gerade für die Oldies nichts, denn nicht anders als viele alte Menschen brauchen auch sie Ruhe.

Häufig haben sich zudem erste gesundheitliche Probleme eingestellt, die der Behandlung bedürfen, und das kostet – auch ein Grund, warum Hundefreunde um die alten Tierheimbewohner eher einen Bogen machen. Ein weiterer: Viele fürchten, sich bereits nach kurzer Zeit wieder von dem vierbeinigen Kumpel trennen zu müssen; sie fürchten Verlust und Trauer.

Ja, diese Einwände sind berechtigt! Aber es gibt eben auch eine andere Seite: die Freude, die es macht, wenn so ein Opa oder eine Oma im Körbchen friedlich vor sich hin schlummert; die Befriedigung zu sehen, wie ein solcher vierbeiniger Oldie aus der Reserve kommt, wie er sich seinem neuen Menschen zuwendet, wie er Vertrauen schöpft, wie er sich in den Alltag einfügt, ja, die Alltagsroutine geradezu genießt. Und schließlich, wenn der Abschied ansteht, das Wissen darum, dass dieser Hund es, wie lange auch immer, am Ende seines Lebens noch einmal gut gehabt hat.

Darf ich vorstellen: meine Oldies

Teddy, Pudeline, Maja, Männlein – was für unterschiedliche Charaktere, was für ein großer Schatz an Erfahrungen für mich! Jede davon war und ist wertvoll, wenn auch nicht immer beglückend. Ich hatte so viel zu lernen!

Teddy, der Herzensbrecher

Teddy war mein erster Hunde-Oldie aus dem Tierheim, ein kleiner Mischling mit garantiert nicht wenigen Terrieranteilen – und gleich mehreren „Baustellen". Er war zwölf Jahre alt, taub, sein Sehvermögen auf Schatten beschränkt; er hatte keine Rute – Grund unbekannt – und nur noch zwei Zähnchen am Unterkiefer. Einer davon stand etwas vor, was dem Kleinen ein schiefes Gesicht und ein (durchaus passendes) verwegenes Aussehen verlieh. Und, wahrscheinlich die größte Hürde bei der Vermittlung: Teddy war Epileptiker, was eine sehr verlässliche Medikamentengabe alle zwölf Stunden notwendig machte. Das sollte für mich angesichts meines sehr regelmäßigen Tagesablaufs machbar sein.

Mehrfach telefonierte ich mit seiner Pflegerin Elisa, um weitere Details über den Umgang mit einem Epileptiker zu erfahren, machte mich im Internet schlau über die Hintergründe der Krankheit – und vereinbarte schließlich einen Termin im Tierheim. Nachdem Fritzi und ich am Tag des Kennenlernens mit Elisa und Teddy eine kleine Leinenrunde gedreht und beide im Freilauf zusammengelassen hatten, war die Sache klar: Unser neuer Hausbewohner war gefunden!

Als wir die Formalitäten erledigten, weinte Elisa – sie hatte den kleinen Hund mit dem Teddybärgesicht wirklich lieb gewonnen. Darum hielt ich sie in der Folgezeit auf dem Laufenden über Teddys Entwicklung, berichtete über seine anfängliche Krakeelerei zu Hause und beim Gassigang, sein Zusammenleben mit Fritzi (zunächst nicht ganz stressfrei, weil er ihr frech ihre Liegeplätze streitig machte), sein Draufgängertum und Übermut beim Toben mit Artgenossen, egal welcher Größe, im Freilauf.

Die Krakeelerei wurde weniger, immer seltener weckte er uns nachts damit auf; immer seltener hatte ich morgens einen Pipisee aufzuwischen. Alltag kehrte ein, Teddy war angekommen.

Den ersten epileptischen Anfall hatte er nach etwa zwei Wochen. Das war schon ein kleiner Schock für mich, aber ich war gut instruiert und wusste, was zu tun war. Das Zäpfchen wirkte unmittelbar, ebenso war es bei den ein, zwei Anfällen, die folgten.

Nach knapp zwei Monaten schickte ich Elisa eine Nachricht, die, ergänzt mit einigen Fotos, „eigentlich" die letzte an sie sein sollte:

Hallo Elisa, mit diesen Bildern möchte sich Teddy von dir verabschieden und dir alles Gute für deine Zukunft wünschen. Sie zeigen Schlaglichter aus Teddys Alltag und vermitteln dir hoffentlich, dass es ihm hier richtig gut geht.

Der kleine Kerl hat sich super eingefügt, kennt mittlerweile den Alltag, rennt im Freilauf mit den Großen und ist (bis auf gelegentliche Pipiseen – zum Glück immer auf den Fliesen und darum nur ein Miniproblem – und gelegentliche Krakeelerei) pflegeleicht. Auch im Freilauf hat er Herzen gewonnen.

Liebe Grüße von: Heike, Fritzi, Teddy. P.S.: Noch kurz zur Info: Wir haben die Medikation auf Rat des Arztes etwas erhöht, das hatte ich dir berichtet. Er verträgt das gut und hatte keinen weiteren Anfall. Das gibt Hoffnung!

Was dann allerdings geschah, beschreibt eine weitere Nachricht, die ich keine Woche später an Teddys frühere Pflegerin schreiben musste:

Hallo Elisa, nun melde ich mich doch noch einmal bei dir – mit einer traurigen Nachricht: Teddy musste gestern eingeschläfert werden.

Er hatte am Mittwoch einen Anfall, wurde zunächst stark sediert, aber nachdem die Wirkung nachgelassen hat, waren die Folgen deutlich zu erkennen. Er taumelte und torkelte herum, fiel um, blieb erschöpft liegen, stand wieder auf, drehte sich wie ein Brummkreisel, warf den Kopf hin und her, wusste offenbar nicht mehr, wo er war ... Ich möchte dir weitere De-

tails ersparen. Er war ein Häufchen Elend, sichtbar unglücklich, sein Bellen klang wie Hilferufe.

Gegen 17 Uhr hat er dann ganz ruhig den Weg in den Hundehimmel angetreten. Ich bin sehr, sehr traurig. Ich hätte ihn so gern noch lange bei mir gehabt!

Ein Glück aber, dass wir ihn letzte Woche noch im Freilauf fotografiert haben. So behalte ich den liebenswerten Teddybär in Erinnerung, wie er war: ein fröhliches, freches Kerlchen mit – trotz seiner Beeinträchtigungen – viel Lebensfreude.

Hast du noch das Foto, mit dem er auf der Website des Tierheims vorgestellt wurde? Das hätte ich gern für meinen „Teddy-Ordner" (den ich nun leider schließen muss), denn mit diesem Foto hatte der kleine Hund mit seinem schiefen Gesicht mein Herz schon gewonnen, bevor ich ihn kennengelernt habe. Danke im Voraus für die Übersendung und traurige Grüße aus Husum – Heike, jetzt nur noch mit Fritzi

<u>Lady Xenia: mein Sommer mit Pudeline</u>

Pudeline ist wahrscheinlich der Hund, bei dem ich die meisten Fehler gemacht habe. Wenige Wochen, bevor ich sie im März aus dem Tierheim holte, war sie, 17(!)-jährig, dort abgegeben worden. Ein kleiner dunkelgrauer Wuschel, offensichtlich Pudelmischling, mit nur wenigen Zähnchen (die anderen hatte der Tierheim-Doc wegen des schlechten Gebiss-Zustands entfernt) und einer altersbedingten Herzschwäche sowie Augenproblemen, die beide eine regelmäßige Medikamentengabe notwendig machten. Alt und krank in fremder Umgebung einfach zurückgelassen – ich kann nicht ermessen, wie sich ein tauber und fast blinder Hund in der Tierheim-Krankenstation fühlt!

Wir führten Xenia, so hieß die Hundedame, in einem umzäunten Gelände mit Fritzi zusammen. Die beiden zeigten wenig Interesse aneinander. Ich drehte eine

Runde mit der Kleinen allein, setzte mich in die Sonne, nahm sie auf den Schoß – sie ließ alles geschehen ohne erkennbare Reaktion. Das würde schon werden. Also kam Xenia in die Box, mit auf die Reise ins neue Zuhause und einen neuen, wie ich fand passenden, Namen. In der ersten Zeit wurde ich in der Nachbarschaft oft gefragt, was ich denn mit so einem alten, „kümmerlichen" Hund wolle ... Meine Standardantwort: Ein Tier, das höchstwahrscheinlich viele, viele Jahre lang Menschen Freude bereitet hat, soll nicht im Tierheim sterben. Und, was Pudeline betraf: Sie sollte noch einen schönen Sommer haben. Und so kam es nach einigen Anlaufschwierigkeiten dann auch ...

Die Gewöhnung an die Umgebung und an Fritzi verlief einfacher, als ich erwartet hatte. Kontakt nahm die Hundeoma allerdings von sich aus kaum auf, weder zu ihrer tierischen Mitbewohnerin noch zu mir.

Mit den Folgen dieses Verhaltens würde ich heute anders umgehen. Aber damals war mein Credo, dass man sich von einem Hund nicht auf der Nase herumtanzen lassen soll – und so verhielt ich mich auch. Zum Beispiel brauchte Xenias Fell dringend Pflege. Ganz vorsichtiges Anfassen und oberflächliches Bürsten ließ sie sich gefallen; sobald es ernst wurde mit Kamm und Bürste, wehrte sie sich, keifte, spuckte und flüchtete. Mehr als einmal versuchte ich, sie wieder einzufangen, und fluchte innerlich über die widerborstige „kleine Kröte".

Auch das Anleinen war ein Problem. Pudeline zeigte sich dabei sehr abwehrend. Hatte sie Angst? Oder war sie schlicht eine Primadonna und nicht gewohnt, dass etwas von ihr verlangt wurde? War sie scheu und schreckhaft – oder eine Diva, „Lady Xenia"? Um ehrlich zu sein: Ich weiß es bis heute nicht. Aber ich denke, ich hätte häufiger auf die Durchsetzung meiner Vorhaben verzichten, ihr mehr Freiraum lassen sollen, um von sich aus auf mich zuzukommen. So waren die ersten Wochen manchmal ein ganz schöner Kampf ...

Das Umdenken setzte bei mir ein, als Pudeline im Hundesalon (ich selbst wurde ihres verknoteten Fells nicht mehr Herr) eine regelrechte Panikattacke hatte. So etwas hatte ich bei einem Hund noch nicht erlebt und auch nicht für möglich gehalten! Sie schrie und irrte, vom Behandlungstisch genommen, laut bellend umher, versuchte, sich in Ecken zu verkriechen, war minutenlang nicht zu bändigen. Schließlich gelang es mir, sie anzuleinen, um ihr Gelegenheit zu geben, sich draußen durch Bewegung abzureagieren. Und die kleine Hündin rannte und rannte und schrie und schrie, ich im Galopp neben ihr. Erst in der Box im Auto kam sie langsam zur Ruhe.

Das Erlebnis war mir eine Lehre. Ich begriff, dass ich Pudeline ihren Lebensrhythmus selbst bestimmen lassen musste. Und plötzlich kam sie morgens, wenn sie merkte, es geht los zur ersten Gassirunde, von sich aus an die Tür und signalisierte: Ich will mit!

Ich lernte, beim Anleinen noch vorsichtiger und vor allem langsam vorzugehen – und sie spürte wohl, dass ich ihr nichts Böses, sondern einfach nur ihren Wunsch nach einem gemeinsamen Spaziergang erfüllen wollte. Die Augenmedizin bekam sie jetzt ebenso behutsam in ihrem Lieblingskörbchen auf dem Küchentisch, also „auf Augenhöhe", verabreicht, und hinterher gab's Leberwurst aus der Tube.

Die nach dem Drama bei der Hundefriseurin unvermeidliche komplette Schur des Fells wurde in der Tierarztpraxis bei Vollnarkose vorgenommen, Pudelines Fell wuchs in niedlichen Löckchen schnell nach. Und je wärmer es wurde, desto öfter suchte sie im Garten meine und Fritzis Gesellschaft und sich dort ein Plätzchen nach ihrem Geschmack – nicht das bereitgestellte Körbchen, sondern, alle Viere von sich gestreckt, auf den von der Sonne gewärmten Steinfliesen.

Zu dieser Zeit schrieb ich „in Pudelinchens Namen" folgende Nachricht an das Tierheim:

Hallo Leute, erkennt ihr mich?

Ich bin's, Pudeline – früher Xenia. Wie ihr seht, habe ich mich von einem Wischmopp auf vier Pfoten zu einer hübschen Pudel-Oma entwickelt.

Es hat sich einiges getan, seit ich umgezogen bin. Vor allem: Das Fell ist ab! Das war zuerst gar nicht witzig, da ja mehr Wolle an mir dran war als Hund, und weil mir in den ersten Tagen immer kalt war. Zum Glück hatte ich ein warmes Mäntelchen.

Und seit dieser stinkende, alte Pelz ab ist, fühle ich mich viel freier – gerade jetzt, wo es so schön warm ist. Eigentlich keine ganz einfache Zeit für einen herzkranken, alten Hund, aber ich lasse die Sache langsam angehen, genieße auch mal die Sonne – aber natürlich nicht zu viel. Da passt mein Frauchen schon auf!

Sie und ich, wir haben uns gut arrangiert.

Sie hat verstanden, dass meine „Biestigkeit" in der ersten Zeit vor allem Angst war. Jetzt macht sie alles langsam und vorsichtig, wie zum Beispiel das Anleinen, die leider notwendige Augenbehandlung, das Kämmen und Bürsten, das ich mittlerweile gern mag, weil meine neuen Löckchen ja hübsch aussehen – findet Ihr nicht? Manche Sachen müssen halt einfach sein ... Und wenn alles gut läuft (tut es jetzt fast immer!), gibt es hinterher eine schöne Belohnung.

Fritzi, meine vierbeinige Hausgenossin, kriegt dann auch was ab – obwohl ich nicht so ganz verstehe, warum eigentlich. Aber egal, wir beide kommen gut miteinander aus.

Meine Prioritäten sind: schlafen, fressen, im Garten rumschnüffeln (auch mal ein bisschen buddeln, wie ihr an meiner Nase seht). Und mir ist wichtig, dass ich morgens bei der ersten Runde mitdarf. Darauf bestehe ich! Ich bleibe dann nah an der Tür sitzen, bis ich angeleint werde. Dass ich alt bin, heißt ja nicht, dass ich nicht weiß, was ich will.

Also, ihr seht: Das passt schon!

Für heute schöne Grüße! Eure Pudeline

Ich neige eigentlich nicht dazu, Tiere in dieser Form wie Menschen „sprechen" zu lassen. Warum es mir bei der kleinen Pudeldame trotzdem ein Bedürfnis war? Ich weiß es nicht.

Monate später, Ende September, war der Sommer mit einem Temperatursturz von einem Tag auf den anderen vorbei. Schon länger hatte die Kleine den Morgenspaziergang nicht mehr durchgehalten. An diesem Tag verweigerte sie das Futter und setzte sich, statt sich in ihr Körbchen zu kuscheln, in der Küche mir gegenüber. Und sie, die nie zuvor Blickkontakt zu mir aufgenommen hatte, richtete den Blick unablässig und eindringlich auf mich. Hey, sagte der, schau mich an: Ich mag mich nicht mehr hinlegen, ich kriege dann keine Luft. Tu was! So gab es noch einmal eine Nachricht von Pudeline, und zwar an die Freundinnen und Freunde, die sie hier über die Monate gewonnen hatte:

Hallo, ihr Lieben,
nach einem schönen Sommer sage ich euch jetzt adieu ...
Ich bin viele Wochen im Garten herumgestromert, habe mich in der Sonne geaalt und mit Fritzi und meinem Frauchen kleine Spaziergänge unternommen. Das ist für eine 17 Jahre alte Hundedame ja wohl nicht schlecht!
Jetzt ist mein Leben zu beschwerlich geworden. Mag sein, der Geist ... aber der Körper will und kann einfach nicht mehr, und mein Frauchen hat das verstanden. Ich habe mich also in den Hundehimmel verabschiedet.
Ich weiß, dort erwarten mich viele Kumpels und Kumpelinen, bestimmt auch Teddy, der Herzensbrecher, mein Vorgänger hier im Hause. Auf den bin ich richtig gespannt!
Macht's gut, und vergesst mich nicht ...
Eure Pudeline (vormals Xenia)

Oma Maja, mein Herzenshund

Klar, ich mag alle Hunde! Aber hätte mich jemand vorher gefragt, welche Rasse mir am wenigsten liegt – der Jack Russell Terrier hätte dazugehört. Und dann zog diese kleine Jack-Russell-Oma bei uns ein und hatte binnen weniger Tage mein Herz erobert – und das von Fritzi gleich mit.

Maja kam zu mir im Alter von 14 Jahren; ihr Alter war so genau bekannt, weil sie – immerhin – einen Impfpass hatte, wenn auch keine gültigen Impfungen. Die Geschichte, die bei ihrer Abgabe im Tierheim erzählt worden war, lautete so: Trennung eines Paares, der Hund war „über", eine Nachbarin übernahm ihn und konnte ihn dann doch nicht versorgen. Der Grund war wahrscheinlich eher oder zumindest auch, dass Maja krank war: Sie hatte einen Gesäugetumor und ein so schlechtes Gebiss, dass alle Zähne „raus" mussten. Man stelle sich das mal vor: Blind und taub in einem Tierheim abgegeben werden, eine fremde Umgebung, viele andere Tiere, dazu Operationen mit allen Begleiterscheinungen, die Gewöhnung an ein Leben ohne Zähne ... Und ein paar Wochen später wird so eine kleine Maus noch einmal umgepflanzt, wieder in ein unbekanntes Haus, in dem ein weiterer Hund lebt, den sie weder sehen noch hören kann ...

Was dann geschah, kommt mir wie ein kleines Wunder vor: Binnen weniger Tage fand Maja sich in ihrem neuen Leben zurecht, wusste, wo ihre Körbchen stehen, wo die Tür zum Garten ist, wo man sein Geschäftchen erledigt. Sie wusste, dass morgens eine Hunderunde ansteht, bei der sie auf jeden Fall dabei sein wollte, und zeigte das, indem sie sich an die Tür eng neben Fritzi setzte, um angeleint zu werden. Sie wusste, dass ihr Mensch manchmal für ein paar Stunden verschwand – und freute sich, fröhlich hüpfend, einen Ast wenn sie spürte, dass dieser das Haus wieder betrat.

Wir drei hatten ein paar wunderschöne, harmonische Monate miteinander. Es wurde Frühling, Maja und Fritzi waren viel im Garten. Dann, eines Nachts im Mai – Maja hatte am Nachmittag noch draußen herumgeschnüffelt – bekam sie einen schrecklichen blutigen Durchfall. Ein Tag Diätkost, danach medikamentöse Behandlung durch die Tierärztin – nichts wollte anschlagen. Maja trank nicht, Maja fraß nicht, das Blut wollte nicht versiegen. Als ich in der zweiten Nacht neben ihrem Körbchen wachte, hörte ich den kleinen Hund, der bis dato außer ein paar fröhlichen

Quietschern keinen Ton von sich gegeben hatte, leise jammern und stöhnen. Da wusste ich: Es heißt, Abschied zu nehmen.

Die Mischung aus Ergebenheit ins eigene Schicksal und Lebensfreude, die Maja mir gezeigt hat, ihre Bereitschaft, das veränderte Leben anzunehmen und das Beste daraus zu machen, sich zu binden an ein neues Zuhause, einen neuen Menschen und eine neue vierbeinige Hausgenossin, ihre – beim Menschen würde man sagen – Demut und Dankbarkeit, vor allem auch ihre Bescheidenheit faszinieren mich bis heute. Maja war einfach (m)ein Herzenshund!

Männlein: vom Engel zum Rotzlöffel

Meine erste Begegnung mit Männlein verlief so: Die Betreuerin im Tierheim führte Fritzi und mich in ein kleines Freigehege. Was für ein Hundezwerg, war mein erster Gedanke. Ich setzte mich ins Gras, der Kleine kam gleich angetippelt, schaute mich kurz an und legte mir sein Pfötchen auf den Oberschenkel. Noch Fragen?

Mit genau diesem Charme umgarnte er in den folgenden Tagen auch Fritzi, die ihn zunächst, wie alle neuen Hausgenossinnen und Hausgenossen zuvor, stumpf ignorierte. Wenn sie in ihrem Hundebett lag oder an der Tür saß, um sich für den Gassigang anleinen zu lassen, hockte er sich vor sie hin, plinkerte mit den Äuglein und winkte mit dem Pfötchen. Es dauerte keine zehn Tage, dann hatte er sie herumgekriegt. Der kleine Hundemann gehörte zu einem behördlich sichergestellten Hunderudel: 16 Papillons und Spaniels, allesamt alt und krank, mit schlechten Zähnen, einige mit Tumoren, hatten auf engstem Raum und in Boxen mit ihrer Besitzerin in einer Gartenlaube gehaust. Alle wurden im Tierheim nach und nach aufgepäppelt und vermittelt.

Männlein war der letzte, der noch auf ein neues Zuhause wartete. Alter unbekannt, „12 plus x" hieß es. Name ebenfalls unbekannt, knapp drei Kilo leicht, Rasse unzweifelhaft Papillon. Er hat keinen einzigen Zahn mehr in seinem kleinen Maul, die rosa Zunge hängt darum stets ein Stück heraus.

Als ich ihn abholte, stank der Kleine, obwohl er frisch gebadet war; „rüdig" nannte meine Tierärztin diese Duftmarke. Er war ja tatsächlich ein intaktes Hundemännlein – aber, wie ich schnell merkte, eines, das ungewöhnliche Pinkelgewohnheiten hatte. Männlein (der Name bot sich nun einmal an ...) pinkelte ganz verschwiegen, entweder „im Vorbeigehen" oder indem er sich ganz flach machte, so dass das Fell am Bauch schnell wieder pipigelb und verklebt war.

Und er tat es, wo er ging und stand. Offenbar hatte er nicht gelernt, sich sauber zu halten – oder, was ich eher vermute, er hatte keine Möglichkeit dazu gehabt. Das würde erklären, warum er sich so heimlichtuerisch verhielt, so, als sei ihm sein Geschäft (auch das „große") unangenehm, als erwarte er Schimpfe oder Bestrafung.

Einen Kastrations-Chip sowie so manchen Haufen und Pipisee in Küche oder Flur später war der Hundeopa aus dem Gröbsten raus. Der Weg dahin war nicht anders als bei der Sauberkeitserziehung eines

Welpen: Missfallen zeigen und nachdrücklich raussetzen beim Ertappen auf frischer Tat, regelmäßig in den Garten hinauslassen und loben, loben, loben, wenn er sich draußen löste. Was müssen sich Passanten gewundert haben, wenn ich in höchsten Tönen jeden Haufen pries, zu dem er sich beim Gassigang hingesetzt hatte! Damit er seine Hinterlassenschaften nicht unbeobachtet in der Wohnung verteilte, verbrachte er die Nächte zunächst in einer großen kuscheligen Box (die er bis heute auch tagsüber gern als Rückzugsort nutzt); später konnte die Boxentür nachts offen bleiben.

Auch sonst hat sich Männlein verändert, seit er zur Familie gehört. Aus dem niedlichen „Schöntuer", der stets gefallen will, sich außer ein paar leisen „Murmelgeräuschen" nicht muckst und der wie ein Engel gucken kann, ist ein Rotzlöffel in Miniformat geworden. Nach rund drei Monaten fing er an zu bellen, erst etwas zaghaft. Mittlerweile verbellt er, jedenfalls an der Leine, jeden Artgenossen, den er sieht, egal ob Irischer Wolfshund oder Mops. Ein richtiger kleiner Kläffer! Und einer, der sehr wohl weiß, dass er sich mittlerweile bei Fritzi auch mal die eine oder andere Vorwitzigkeit erlauben kann. Dass sie ihn anraunzen muss, weil er zu weit geht, kommt äußerst selten vor. Unverändert geblieben sind seine Zugewandtheit, seine Anhänglichkeit und seine schnelle Auffassungsgabe. Vom ersten Tag an stand ich unter seiner genauen Beobachtung, ob beim Kochen, Putzen, Lesen oder Arbeiten am Schreibtisch. Ganz schnell hatte er den Tagesablauf verinnerlicht, sich an den Straßenverkehr gewöhnt, der ihm bis dahin offenbar unbekannt und zunächst unheimlich war. Von Beginn an konnte ich ihn beim Spaziergang in Wald und Feld ohne Leine laufen lassen, weil er stets an meiner und Fritzis Seite bleibt. Hat er sich doch mal etwas weiter entfernt, weil da etwas so interessant riecht, kommt er wie ein geölter Blitz angeflitzt, wenn ich ihn rufe. Kurz: Er ist ein reizender, zugleich frecher und lieber, auf jeden Fall ein liebenswerter kleiner Sonnenschein!

Charme und Würde:
Was Oldies so liebenswert macht

Jeder Hund ist ein einzigartiges Individuum, keine
Frage! Gerade bei Oldies aber zeigt sich diese Indivi-
dualität, über viele Jahre ausgeprägt, in besonderer
Weise. Wer einen Hundesenior aus dem Tierheim
adoptiert, weiß darum in der Regel und wenn er genau hinschaut, was ihn erwartet – übrigens auch, was
Größe, Fell und sonstige äußere Eigenschaften be-
trifft. Alte Hunde sind nicht, wie Welpen, eine Wun-
dertüte.

Vielmehr ist ihr Charakter voll entwickelt und erkennbar.

Hundesenioren haben ihren ganz eigenen Charme und das Leben mit ihnen hat einen besonderen Reiz. Wo früher Erziehungsarbeit notwendig war, sind Zwei- und Vierbeiner jetzt meist ein eingespieltes Team. Der Hund kennt die alltäglichen Abläufe, ist meist dankbar für diesen verlässlichen Alltag. So ist es halt, wenn man länger zusammenlebt ...

Nicht anders kann es auch mit einem Oldie aus dem Tierheim sein. Klar, man muss einander erst kennenlernen, und der Mensch weiß wenig bis nichts über das lange Leben des neuen Kumpels, über sein Wesen, über eventuelle Traumata. Andererseits kann gerade ein solch „verlassener" Hund überraschend schnell erkennen, dass er es in seinem neuen Zuhause gut hat – und, erstaunlich genug, sein Herz noch einmal neu verschenken.

Wenn, ja wenn sein Mensch ihn ein gutes Stückweit nimmt, wie er ist. Das heißt nicht, dass ein alter Hund nichts Neues mehr verarbeiten und man ihn nicht im Rahmen seiner Möglichkeiten erziehen kann. Auch vierbeinige Oldies können noch etwas lernen!

Ein Beispiel ist Pudeline, die, nach einigen Anlaufschwierigkeiten, mit den Anforderungen des neuen Zuhauses und ihren eigenen gesundheitlichen Unzulänglichkeiten zu leben gelernt hat.

Ein weiteres ist Männlein, der auch mit „12 Plus x" binnen weniger Wochen (fast) stubenrein geworden ist. Was für eine Freude beides für mich war!

Meist aber wissen die Alten längst, dass man sich als Hund draußen erleichtert und dass Schuhe nicht zum Zerkauen da sind, kennen grundlegende Botschaften wie „Komm", „Aus" oder „Nein". Hundesenioren sind schließlich gestandene Persönlichkeiten mit Lebenserfahrung, Gelassenheit und Würde!

Und noch etwas: Wenn man selbst älter ist, kann das Auf- und Erziehen eines Welpen ganz schön fordernd sein. Bei einem alten Hund kommt es eher darauf an, sein Wesen und Verhalten zu erkennen und sich auf seine Bedürfnisse einzustellen.

Zudem gilt es realistisch zu rechnen: Ein Welpe kann je nach Rasse 15 Jahre und älter werden. Wie alt bin ich dann selbst – und kann ich einem Hund in diesem Alter noch gerecht werden? Bei einem Hunde-Oldie stellt sich diese Frage weniger. Das mag eine ernüchternde Tatsache sein – aber bei der Wahl eins vierbeinigen Freundes ist nicht nur das Herz, sondern auch die Vernunft ein guter Ratgeber!

Was Hundesenioren brauchen

Wie bei jeder Entscheidung nicht nur für einen Hund, sondern für jedes Haustier gilt als Grundvoraussetzung: Die Rahmenbedingungen müssen stimmen! Also sollte man das eigene Leben nüchtern analysieren: Passt ein Vierbeiner zu den Familienverhältnissen, zur Wohnsituation, zum (Arbeits-)Alltag – nicht nur jetzt, sondern auch in der Zukunft, so weit man diese überhaupt vorhersehen kann? Und vor allem: Kann und will ich die Beeinträchtigungen der eigenen Bequemlichkeit in Kauf nehmen, die das Leben mit einem Hunde-Oldie möglicherweise mit sich bringt?

Darüber hinaus haben Hundesenioren einige besondere Bedürfnisse, allen voran ein ruhiges, verlässliches Zuhause. Ein trubeliger Haushalt mit vielen Mitgliedern ist eher nichts für ein Tier, das sich im Alter noch auf eine neue Umgebung einstellen muss. Meine persönliche Lebenssituation war und ist da optimal:

- ein Häuschen mit hoch und sicher eingefriedetem Garten, so dass auch ein sehbehinderter oder blinder Hausgenosse sich gut orientieren und nicht verloren gehen kann;

- viel Arbeit am heimischen Schreibtisch, also viel Präsenz zu Hause und bei Abwesenheit die Gesellschaft einer geduldigen Artgenossin (Fritzi);
- einiges an Hundeerfahrung. Die mag nicht zwingend notwendig sein, ist aber hilfreich, weil es so leichter fällt, Bedürfnisse und Charaktereigenschaften des Hunde-Oldies zu erkennen, sein Verhalten zu „lesen";
- selbstredend: die Liebe zum Wesen Hund, die Bereitschaft, dem Vierbeiner das Herz zu öffnen und ihn behutsam ins eigene Leben zu integrieren;
- und, nicht zu vernachlässigen: ein wenig finanzielle Bewegungsfreiheit. Denn eine Tatsache sollte man nicht verdrängen: Alte Hunde können ganz schön kosten – für hochwertiges Futter, für die tierärztliche Betreuung, für eventuell notwendige Dauermedikation.

Es macht keinen Sinn, vor dem letztgenannten Aspekt die Augen zu verschließen und zu denken, „das wird schon". Wenn einem dann die Ausgaben über den Kopf wachsen und der Hund darum nicht angemessen versorgt oder gar wieder abgegeben werden muss – nicht auszudenken!

Trotzdem gibt es auch für Menschen mit beschränkten finanziellen Mitteln Lösungen. Viele Tierheime zum Beispiel geben Hunde in Dauerpflegestellen ab. Das heißt, die Kosten, etwa für Tierarzt und Medikamente, werden weiterhin vom Heim getragen, oft finanziert durch Paten.

Die häuslichen Bedingungen

Alte Hunde brauchen ein ruhiges, kuscheliges, warmes und vor Zug gesichertes Plätzchen für sich allein – am besten mehrere davon, so dass sie je nach Ruhe- oder Kontaktbedürfnis wählen können. Der Fußboden sollte möglichst nicht rutschig sein (Laminat ist nicht zu empfehlen), weil die Oldies häufig nicht mehr sicher auf den Läufen sind. Vorsicht besonders bei glatten Treppen!

Überhaupt, Treppen: Für viele Alte sind sie ein unüberwindliches Hindernis. Das kann durchaus positiv sein, wenn sie dieses selbst erkennen und die Treppe meiden. Wenn dies sie jedoch dauerhaft ins Erdgeschoss verbannt, während sich das Leben der anderen (menschlichen und tierischen) Familienmitglieder in oberen Stockwerken abspielt, kann dies zur traurigen, einsamen Existenz werden ... Eine Analyse der heimischen Situation und des Familienalltages ist daher unverzichtbar.

Bewegung

Wer rastet, der rostet – das gilt auch für alte Hunde. Sie brauchen Bewegung! Wie viel, das findet man mit ein wenig Fingerspitzengefühl schnell heraus. Man sollte also mit kurzen Gassigängen starten. Wenn man merkt, dass der vierbeinige Begleiter diese gut bewältigt, kann man das Pensum steigern, damit der Kreislauf in Schwung kommt, die Muskeln erhalten oder sogar wieder aufgebaut werden.

Als Faustregel gilt aber, dass für die Alten mehrere kurze Touren am Tag gesünder sind als ein Gewaltmarsch. Handelt es sich um einen kleinen Hund, gibt die Mitnahme eines passenden Hunderucksacks die Sicherheit, den vierbeinigen Begleiter im Notfall bequem nach Hause tragen zu können.

Kleine, aber nicht zu wilde Spieleinheiten in Haus oder Garten sind ebenfalls eine Option. Wer den neuen tierischen Freund gut beobachtet, merkt schnell, woran dieser Freude hat. Und Freude ist auch bei Hunden ein Beitrag zu einem schönen (und vielleicht langen) Leben!

Gesundheitliche Beeinträchtigungen

Wie bei Menschen lässt auch bei Hunden die körperliche ebenso wie die geistige Leistungsfähigkeit im Alter nach. Häufig hören die Oldies schlecht (physiologisch, also nicht im übertragenen Sinne gemeint), das Augenlicht lässt nach, dazu können Wehwehchen wie etwa Gelenkprobleme oder eine Herzschwäche kommen.

Auch Anzeichen von Demenz sind gar nicht so selten. Da kann es durchaus geschehen, dass der Vierbeiner im Garten steht und ausschaut, als ob er nicht wüsste, wie er dahin gekommen ist und was er dort eigentlich will ...

Bei kleinen Hunden sind Zahnprobleme häufig. Alle meine vier Alten kamen mit einem grottenschlechtem Gebiss ins Tierheim – so schlecht, dass entweder mehrere oder gar alle Zähne entfernt werden mussten, weil sie nicht mehr waren als stinkende Stummel voller Zahnstein – und damit schlimme Entzündungsherde. Erstaunlicherweise haben sich jedoch alle mit ihrer zahnarmen oder gar zahnlosen Existenz gut arrangiert – selbstredend unterstützt durch geeignete Nahrung. Das kann entweder Dosenware sein oder eingeweichtes Trockenfutter. Letzteres hat, ein geeignetes Produkt vorausgesetzt, den Vorteil, dass die Pellets als solche zwar weich werden, aber ihre Form behalten, so dass sie gut aufgenommen und geschluckt werden können und nicht das meiste davon auf dem Fell an der Brust landet. Ein weiterer Vorteil ist, dass so auch die Aufnahme eines Minimums an Flüssigkeit gewährleistet ist.

Noch ein paar Worte zur Ernährung

Überhaupt, die Ernährung ... Ob Dosen- oder Trockenfutter: Die meisten Tierärzte empfehlen für Hunde-Oldies spezielle Seniorenprodukte, weil diese von der Zusammensetzung her an die Bedürfnisse des alten Körpers angepasst sind. Denn dessen Energiebedarf ist geringer, weil die Tiere weniger aktiv sind und die Muskelmasse abnimmt.

Außerdem lässt die Leistungsfähigkeit des Verdauungstraktes nach, so dass die Aufteilung der Tagesration in mehrere kleine Gaben hilfreich ist. Die Art der Nährstoffe wie Vitamine und Mineralien sowie deren Zusammensetzung muss ebenfalls an die veränderte Funktion von Organen wie Leber und Niere angepasst sein.

Nahrungsergänzung oder nicht? Hier scheiden sich die Geister, nicht nur in Bezug auf Tiere. Die einen sagen, gesundes und hochwertiges Futter biete alles, was der Hund braucht, die anderen glauben an die

Unterstützung der Körperfunktionen durch Produkte wie Grünlippmuschel, Schüßlersalze und, und, und ... Ich meine: Das muss einfach jede/r selbst wissen!

„Baustelle" Inkontinenz

Bei den klassischen „Baustellen", die alte Hunde mitbringen, soll eine nicht verschwiegen werden: die mögliche Inkontinenz. Nicht schön, aber gar nicht so selten ... Zudem kann es gerade in der ersten Zeit und besonders bei seh- und/oder hörbehinderten Vierbeinern, die sich im neuen Zuhause noch nicht sicher orientiert haben, zu einem festen oder flüssigen Malheur kommen.

Wer also auf ein stets gut duftendes Zuhause, vielleicht noch eines mit wertvollen Teppichen, Wert legt, für den ist gerade ein Hunde-Oldie wahrscheinlich nicht der richtige Hausgenosse. Aber erfahrene Hundefans sind in der Regel ohnehin etwas härter im Nehmen, was die eine oder andere unappetitliche Panne angeht ...

Davon abgesehen ist es normal, dass Hunde im Alter nicht mehr so lange „anhalten" können wie in jungen Jahren. Ein Katzenklo an einem festen Platz im Haus, das man mit Hundepipi oder einem Kothaufen „markiert", ist, gerade bei kleinen Vierbeinern, durchaus einen Versuch wert. Und nicht vergessen: Immer schön loben, wenn Opa oder Oma erfolgreich das Klo aufgesucht haben!

Alte Hunde als Lehrmeister

Etwas konsequent durchzusetzen, das ist bei der Erziehung von jungen Hunden sicher sinnvoll. Der Mensch gibt die Marschrichtung vor, nicht der Hund! Bei vierbeinigen Oldies aus zweiter, dritter, vierter Hand gilt das nicht uneingeschränkt. Klar, auch sie sollten sich in den Alltag einfügen. Andererseits hat man ein Wesen mit vielen Jahren Lebenserfahrung vor sich, mit einem ausgeprägten Charakter, einer langen Lebensgeschichte, möglicherweise erlittenen Traumata.

Mehr als jüngere Artgenossen aus dem Tierheim sollte man die alten darum nehmen, wie sie sind. Sie beobachten, ihre Verhaltensweisen deuten, sich stärker auf sie einstellen, als dies umgekehrt von ihnen zu verlangen. Ein Hund, der alt geworden ist in der Obhut von Menschen und diesen wahrscheinlich und hoffentlich eine Freude war, hat es verdient, dass im Alter auf seine Eigenheiten und Bedürfnisse Rücksicht genommen wird. Wohlgemerkt: Ich spreche hier von Hunden, die man erst kennenlernt, wenn sie alt sind. Die, die mit uns alt werden, kennt man ohnehin – und vor allem sie uns ... Vielleicht kann man die Herausforderung darin sehen, nun von dem Hunde-Oldie zu lernen statt umgekehrt!

<u>Zum Beispiel Offenheit</u> dafür, Glaubenssätze auch mal über den Haufen zu werfen. Soll man es einem Hund durchgehen lassen, dass er Handschuhe, Schals, Strümpfe und Schuhe „stiehlt" und die Beute in sein Körbchen schleppt? Natürlich nicht – schließlich „gehören" ihm diese Dinge nicht, und wer will schon immer wieder neue Schuhe, Mützen, Schals kaufen, weil die anderen kaputt gekaut sind?

Wenn aber ein kleiner, zahnloser Kerl wie Männlein offenkundig einen Riesenspaß an diesem Schabernack hat (je größer die „Beute", umso größer der Spaß), wenn er Dinge sammelt und sich dann zufrieden darauf zum Schlafen legt? Wenn er, eben mangels Zähnchen, gar nichts kaputt machen kann? Warum soll man ihm diese Beschäftigung nicht lassen – zumal, da einem selbst das Herz aufgeht, wenn man ihn bei diesem geschäftigen Tun beobachtet?

<u>Zum Beispiel Lebensfreude</u> (trotz Beeinträchtigungen). Was war Teddy für ein agiler, fröhlicher Draufgänger! Dass er nur Schatten sehen und gar nicht hören konnte, schien seinen Tatendrang nicht zu stoppen. Er machte das Beste aus dem, was ihm geblieben war. Als er gleich am ersten Abend in meinem Haus die Treppe herunterpolterte (nach oben hatte er „klettern" können, beim Herunterlaufen hätte er im unteren Stock Licht benötigt, um sich zu orientieren, nur wusste ich das zu diesem Zeitpunkt noch nicht), schüttelte er sich – und gut war. Überhaupt war das Teddys Lebensmotto: hinfallen, aufstehen, schütteln, weitermachen …

<u>Zum Beispiel Ruhe und Geduld</u>. Mit einem alten Hund

„schnell mal" irgendetwas erledigen? Schwierig, besonders, wenn dessen Sinne beeinträchtigt sind. Das ließ Pudeline mich in den ersten Wochen immer wieder spüren, und selbst mit der ansonsten unkomplizierten Maja hatte ich einmal ein Erlebnis, das mir einen ordentlichen Schrecken in die Glieder fahren ließ.

Ich kam von der Arbeit nach Hause, hatte an diesem Tag noch einiges zu erledigen und wollte Fritzi „schnell mal" anleinen, um mit ihr um den Block zu gehen. Maja blieb am Nachmittag ohnehin in Haus und Garten; mehr als die Morgenrunde schaffte die Oma nicht mehr. Daran hatte sie sich gewöhnt – wenn, ja wenn ich immer denselben Ablauf einhielt (Maja „ansprechen", streicheln, ruhig das Haus verlassen). An dem Tag aber hatte ich es eilig, die Hektik, die ich verbreitete, muss Maja irritiert haben. Denn kaum hatte ich die Haustür ein wenig geöffnet, um mit Fritzi zu starten, spürte die Kleine offenbar den Luftzug, flitzte zwischen unseren Beinen hindurch und spurtete die Straße herunter. Mir blieb fast das Herz stehen, schließlich fahren vor meinem Haus nicht nur viele Autos, sondern hin und wieder auch ein Bus vorbei.

Mit der angeleinten Fritzi, die Haustür sperrangelweit offen, rannte ich hinter Maja her (rufen hat bei einem tauben Hund ja wenig Sinn ...). Wie schnell sie auf ihren kurzen Beinchen war! Ich brauchte rund 50 Meter, um sie einzuholen. Nicht auszudenken, wenn in dieser Zeit ein Auto schnell unterwegs gewesen wäre! So hatten wir beide Glück – und ich mal wieder etwas begriffen ...

<u>Zum Beispiel die Bereitschaft zu vertrauen.</u> Wie schlecht auch immer sie es gehabt haben mögen (und häufig wissen wir, vielleicht zum Glück, keine Details), sind auch oder gerade alte Hunde bereit, wieder Vertrauen zu schöpfen, dem Leben eine zweite, dritte, vierte Chance zu geben und ihr Herz neu an einen Menschen zu verschenken. Um diese Eigenschaft kann man die Hunde-Oldies wirklich beneiden!

Maja bin ich übrigens bis heute dankbar, dass sie auch Fritzi etwas gelehrt hat. Die nämlich hatte sich bis dahin, trotz Gesellschaft von Teddy und später Pudeline, nie wirklich daran gewöhnt, dass ich nun einmal öfter ohne sie das Haus verlassen muss. Welche Botschaften auch immer Maja und sie ausgetauscht haben, wenn ich nicht da war, kann ich nicht wissen. Vielleicht hat Maja durch ihre souveräne Ausstrahlung Fritzi signalisiert: Entspann dich, Kleine. Wir haben doch uns und es ist alles in Ordnung. So oder ähnlich muss es gewesen sein. Jedenfalls ging Fritzi, auch nach Majas Tod, viel gelassener mit dem „Alleinsein" um.

Wenn der Abschied naht

Dieser Tag ist gefürchtet, aber unausweichlich für jeden Hundebesitzer, jede Hundebesitzerin: der Tag, an dem es gilt, Abschied zu nehmen. Denn selbst wenn man das Tier als Welpen bekommen hat und es ein schönes, langes Leben hatte: Die Lebensspanne von Hunden ist in der Regel nun einmal viel, viel kürzer als die von uns Menschen.

Mein aus vielfacher, bitterer Erfahrung gewonnener Rat lautet: Auf keinen Fall sollte man verdrängen, was kommt, sondern sich, so nüchtern es geht, auf den Abschied vorbereiten. Mit dem Tierarzt des Vertrauens kann man besprechen, ob ein Einschläfern zu Hause möglich ist und was mit dem toten Körper geschehen soll. Denn diesen in der Tierkörperverwertung „entsorgen" zu lassen, ist für viele Tierfreunde eine unerträgliche Vorstellung. Ein Grab im eigenen Garten ist in einigen Bundesländern unter bestimmten Voraussetzungen möglich. Man kann sich aber auch für eine Grabstätte auf einem Tierfriedhof oder das Einäschern in einem Tierkrematorium entscheiden.

Wichtig ist es, sich frühzeitig über die entsprechenden Möglichkeiten zu informieren und sich darüber klar zu werden, wie man selbst am besten mit dem Verlust umgehen kann. Denn für den Ernstfall einen Plan zu haben, den man „abarbeitet", gibt Halt in schweren Stunden. Und es hilft zu vermeiden, dass in einer akuten Trauersituation Entscheidungen getroffen werden, die man vielleicht später bereut – zum Beispiel, den Körper des vierbeinigen Freundes in der Tierarztpraxis zu lassen, einfach weil man so schnell keine andere Lösung parat hat.

Als ich Teddy als ersten Senior zu mir nahm, hatte ich von zwei Hunden Abschied nehmen müssen, die ich als Welpen bekommen hatte und die beide recht alt geworden waren. Ich wusste also, wie traurig diese Trennung für immer ist. Würde es mit einem Gefährten, mit dem ich nur eine vergleichsweise kurze Zeit zusammengelebt hatte, anders sein, vielleicht weniger schmerzhaft? Oder würde ich nach der ersten Erfahrung mit einem Oldie sagen „Nie wieder"?

Meine Antwort aus heutiger Sicht: Ja, es ist schrecklich traurig! Und doch ... es ist eine andere Trauer, ein anderer Verlust. Denn der verstorbene Hund hat einen nicht so lange begleitet und darum das eigene Leben nicht so stark geprägt, wie es ein langjähriger Gefährte tut. Und: Das Wissen darum, dass ich einem alten, kranken Tier einen schönen – wenn auch vielleicht kurzen – Lebensabend beschert hatte, war mir tatsächlich ein Trost.

Es ist wunderbar zu sehen, wie sich ein von seinem Menschen verlassenes Wesen entfaltet, wie Ruhe und Sicherheit in die Hundeseele einkehrt. Wie der Oldie sein Zuhause als verlässlich erkennt, einen wiederkehrenden Tagesablauf und das eigene Körbchen genießt, wie man zusammenwächst als Mensch-Hund(e)-Team. Und diese Erfahrung kann man im Falle eines alten Hundes nun einmal nur für den Preis eines baldigen Abschieds und des damit verbundenen Kummers machen.

Aber auf wie viel schöne Erlebnisse und Beobachtungen müsste man verzichten, wollte man sich beides ersparen! Trauer wird von jeder und jedem anders erlebt. So oder so braucht sie Raum und Zeit. Und dann, vielleicht, kommt irgendwann wieder der Wunsch, einem Hundesenior ein kuscheliges Körbchen bieten.

...und danke, Fritzi!

Was mich antreibt und mehr denn je für Hunde-Oldies begeistert, ist das Bestreben, etwas Sinnvolles zu tun, gepaart mit einer wunderbaren Erfahrung: Alte Hunde machen große Freude! Sie bereichern das Leben, ermöglichen neue Einblicke und lehren Dinge, die auch in anderen Lebensbereichen hilfreich sind.

Allerdings geht es nicht um mich allein und die Senioren auf vier Pfoten, sondern da ist noch eine weitere Beteiligte: meine Fritzi. Sie habe ich im Zusammenleben mit Teddy, Pudeline, Maja und Männlein von einer neuen Seite kennengelernt. Mit großer Toleranz akzeptiert sie immer wieder neue Hausgenossinnen und -genossen und lässt dabei in ihrer Bindung zu mir nicht nach. Dafür bin ich dieser treuen Hündin dankbar – und ich bin sicher, das weiß sie auch!